Team Tracker
Get to Know Your Essential Oil Team

Name: _____

Start Date: _____ End Date: _____

Leader: _____

HOW TO USE THIS BOOK:
You can track your enrollments for the year, a particular leg,
diamond club, a particular area on your team, etc.
This can be used for anyone on your team that is a user, sharer or builder.
This also makes the perfect gift for any new wellness advocate on your team.
The more you know about your team members, the better you can serve them.

Copyright © 2019 Jennifer Wallner
Photo Cover by Remi Antunes on Unsplash
All rights reserved.
ISBN: 9781653199495

Team Member: _____ WC WA

Address: _____

E-Mail: _____ ID: _____

Phone Number: _____ Birthday: _____

Enrollment Date: _____ Enroller: _____ Sponsor: _____

Enrollment Order: _____
_____

Wellness Consult Date: _____ Gift: _____

Top Strengths: _____ _____ _____

_____ _____

Love Language: _____

Notes:

Spouse: _____ Birthday: _____

Notes:

Child: _____ Birthday: _____

Notes:

Child: _____ Birthday: _____

Notes:

Child: _____ Birthday: _____

Notes:

Child: _____ Birthday: _____

Notes:

Child: _____ Birthday: _____

Notes:

Team Member: _____ WC WA

Address: _____

E-Mail: _____ ID: _____

Phone Number: _____ Birthday: _____

Enrollment Date: _____ Enroller: _____ Sponsor: _____

Enrollment Order: _____
_____

Wellness Consult Date: _____ Gift: _____

Top Strengths: _____ _____ _____
                    _____ _____

Love Language: _____

Notes:

Spouse: _____ Birthday: _____

Notes:

Child: _____ Birthday: _____

Notes:

Child: _____ Birthday: _____

Notes:

Child: _____ Birthday: _____

Notes:

Child: _____ Birthday: _____

Notes:

Child: _____ Birthday: _____

Notes:

Team Member: _____ WC WA

Address: _____

E-Mail: _____ ID: _____

Phone Number: _____ Birthday: _____

Enrollment Date: _____ Enroller: _____ Sponsor: _____

Enrollment Order: _____
_____

Wellness Consult Date: _____ Gift: _____

Top Strengths: _____ _____ _____

_____ _____

Love Language: _____

Notes:

Spouse: _____ Birthday: _____

Notes:

Child: _____ Birthday: _____

Notes:

Child: _____ Birthday: _____

Notes:

Child: _____ Birthday: _____

Notes:

Child: _____ Birthday: _____

Notes:

Child: _____ Birthday: _____

Notes:

Team Member: _____ WC WA

Address: _____

E-Mail: _____ ID: _____

Phone Number: _____ Birthday: _____

Enrollment Date: _____ Enroller: _____ Sponsor: _____

Enrollment Order: _____

_____

Wellness Consult Date: _____ Gift: _____

Top Strengths: _____ _____ _____

_____ _____

Love Language: _____

Notes:

Spouse: _____ Birthday: _____

Notes:

Child: _____ Birthday: _____

Notes:

Child: _____ Birthday: _____

Notes:

Child: _____ Birthday: _____

Notes:

Child: _____ Birthday: _____

Notes:

Child: _____ Birthday: _____

Notes:

Team Member: _____ WC WA

Address: _____

E-Mail: _____ ID: _____

Phone Number: _____ Birthday: _____

Enrollment Date: _____ Enroller: _____ Sponsor: _____

Enrollment Order: _____

_____

Wellness Consult Date: _____ Gift: _____

Top Strengths: _____ _____ _____

_____ _____

Love Language: _____

Notes:

Spouse: _____ Birthday: _____

Notes:

Child: _____ Birthday: _____

Notes:

Child: _____ Birthday: _____

Notes:

Child: _____ Birthday: _____

Notes:

Child: _____ Birthday: _____

Notes:

Child: _____ Birthday: _____

Notes:

Team Member: _____ WC WA

Address: _____

E-Mail: _____ ID: _____

Phone Number: _____ Birthday: _____

Enrollment Date: _____ Enroller: _____ Sponsor: _____

Enrollment Order: _____
_____

Wellness Consult Date: _____ Gift: _____

Top Strengths: _____ _____ _____

_____ _____

Love Language: _____

Notes:

Spouse: _____ Birthday: _____

Notes:

Child: _____ Birthday: _____

Notes:

Child: _____ Birthday: _____

Notes:

Child: _____ Birthday: _____

Notes:

Child: _____ Birthday: _____

Notes:

Child: _____ Birthday: _____

Notes:

Team Member: _____ WC WA

Address: _____

E-Mail: _____ ID: _____

Phone Number: _____ Birthday: _____

Enrollment Date: _____ Enroller: _____ Sponsor: _____

Enrollment Order: _____
_____

Wellness Consult Date: _____ Gift: _____

Top Strengths: _____ _____ _____
                    _____ _____

Love Language: _____

Notes:

Spouse: _____ Birthday: _____

Notes:

Child: _____ Birthday: _____

Notes:

Child: _____ Birthday: _____

Notes:

Child: _____ Birthday: _____

Notes:

Child: _____ Birthday: _____

Notes:

Child: _____ Birthday: _____

Notes:

Team Member: _____ WC WA

Address: _____

E-Mail: _____ ID: _____

Phone Number: _____ Birthday: _____

Enrollment Date: _____ Enroller: _____ Sponsor: _____

Enrollment Order: _____

_____

Wellness Consult Date: _____ Gift: _____

Top Strengths: _____ _____ _____

_____ _____

Love Language: _____

Notes:

Spouse: _____ Birthday: _____

Notes:

Child: _____ Birthday: _____

Notes:

Child: _____ Birthday: _____

Notes:

Child: _____ Birthday: _____

Notes:

Child: _____ Birthday: _____

Notes:

Child: _____ Birthday: _____

Notes:

Team Member: _____ WC WA

Address: _____

E-Mail: _____ ID: _____

Phone Number: _____ Birthday: _____

Enrollment Date: _____ Enroller: _____ Sponsor: _____

Enrollment Order: _____

_____

Wellness Consult Date: _____ Gift: _____

Top Strengths: _____ _____ _____

_____ _____

Love Language: _____

Notes:

Spouse: _____ Birthday: _____

Notes:

Child: _____ Birthday: _____

Notes:

Child: _____ Birthday: _____

Notes:

Child: _____ Birthday: _____

Notes:

Child: _____ Birthday: _____

Notes:

Child: _____ Birthday: _____

Notes:

Team Member: _____ WC WA

Address: _____

E-Mail: _____ ID: _____

Phone Number: _____ Birthday: _____

Enrollment Date: _____ Enroller: _____ Sponsor: _____

Enrollment Order: _____

_____

Wellness Consult Date: _____ Gift: _____

Top Strengths: _____ _____ _____

_____ _____

Love Language: _____

Notes:

Spouse: _____ Birthday: _____

Notes:

Child: _____ Birthday: _____

Notes:

Child: _____ Birthday: _____

Notes:

Child: _____ Birthday: _____

Notes:

Child: _____ Birthday: _____

Notes:

Child: _____ Birthday: _____

Notes:

Team Member: _____ WC WA

Address: _____

E-Mail: _____ ID: _____

Phone Number: _____ Birthday: _____

Enrollment Date: _____ Enroller: _____ Sponsor: _____

Enrollment Order: _____

_____

Wellness Consult Date: _____ Gift: _____

Top Strengths: _____ _____ _____

_____ _____

Love Language: _____

Notes:

Spouse: _____ Birthday: _____

Notes:

Child: _____ Birthday: _____

Notes:

Child: _____ Birthday: _____

Notes:

Child: _____ Birthday: _____

Notes:

Child: _____ Birthday: _____

Notes:

Child: _____ Birthday: _____

Notes:

Team Member: _____ WC WA

Address: _____

E-Mail: _____ ID: _____

Phone Number: _____ Birthday: _____

Enrollment Date: _____ Enroller: _____ Sponsor: _____

Enrollment Order: _____
_____

Wellness Consult Date: _____ Gift: _____

Top Strengths: _____ _____ _____
                                                    _____ _____

Love Language: _____

Notes:

Spouse: _____ Birthday: _____

Notes:

Child: _____ Birthday: _____

Notes:

Child: _____ Birthday: _____

Notes:

Child: _____ Birthday: _____

Notes:

Child: _____ Birthday: _____

Notes:

Child: _____ Birthday: _____

Notes:

Team Member: _____ WC WA

Address: _____

E-Mail: _____ ID: _____

Phone Number: _____ Birthday: _____

Enrollment Date: _____ Enroller: _____ Sponsor: _____

Enrollment Order: _____

_____

Wellness Consult Date: _____ Gift: _____

Top Strengths: _____ _____ _____

_____ _____

Love Language: _____

Notes:

Spouse: _____ Birthday: _____

Notes:

Child: _____ Birthday: _____

Notes:

Child: _____ Birthday: _____

Notes:

Child: _____ Birthday: _____

Notes:

Child: _____ Birthday: _____

Notes:

Child: _____ Birthday: _____

Notes:

Team Member: _____ WC WA

Address: _____

E-Mail: _____ ID: _____

Phone Number: _____ Birthday: _____

Enrollment Date: _____ Enroller: _____ Sponsor: _____

Enrollment Order: _____

_____

Wellness Consult Date: _____ Gift: _____

Top Strengths: _____ _____ _____

_____ _____

Love Language: _____

Notes:

Spouse: _____ Birthday: _____

Notes:

Child: _____ Birthday: _____

Notes:

Child: _____ Birthday: _____

Notes:

Child: _____ Birthday: _____

Notes:

Child: _____ Birthday: _____

Notes:

Child: _____ Birthday: _____

Notes:

Team Member: _____ WC WA

Address: _____

E-Mail: _____ ID: _____

Phone Number: _____ Birthday: _____

Enrollment Date: _____ Enroller: _____ Sponsor: _____

Enrollment Order: _____
_____

Wellness Consult Date: _____ Gift: _____

Top Strengths: _____ _____ _____

                    _____ _____

Love Language: _____

Notes:

Spouse: _____ Birthday: _____

Notes:

Child: _____ Birthday: _____

Notes:

Child: _____ Birthday: _____

Notes:

Child: _____ Birthday: _____

Notes:

Child: _____ Birthday: _____

Notes:

Child: _____ Birthday: _____

Notes:

Team Member: _____ WC WA

Address: _____

E-Mail: _____ ID: _____

Phone Number: _____ Birthday: _____

Enrollment Date: _____ Enroller: _____ Sponsor: _____

Enrollment Order: _____
_____

Wellness Consult Date: _____ Gift: _____

Top Strengths: _____ _____ _____

_____ _____

Love Language: _____

Notes:

Spouse: _____ Birthday: _____

Notes:

Child: _____ Birthday: _____

Notes:

Child: _____ Birthday: _____

Notes:

Child: _____ Birthday: _____

Notes:

Child: _____ Birthday: _____

Notes:

Child: _____ Birthday: _____

Notes:

Team Member: _____ WC WA

Address: _____

E-Mail: _____ ID: _____

Phone Number: _____ Birthday: _____

Enrollment Date: _____ Enroller: _____ Sponsor: _____

Enrollment Order: _____

_____

Wellness Consult Date: _____ Gift: _____

Top Strengths: _____ _____ _____

_____ _____

Love Language: _____

Notes:

Spouse: _____ Birthday: _____

Notes:

Child: _____ Birthday: _____

Notes:

Child: _____ Birthday: _____

Notes:

Child: _____ Birthday: _____

Notes:

Child: _____ Birthday: _____

Notes:

Child: _____ Birthday: _____

Notes:

Team Member: _____ WC WA

Address: _____

E-Mail: _____ ID: _____

Phone Number: _____ Birthday: _____

Enrollment Date: _____ Enroller: _____ Sponsor: _____

Enrollment Order: _____
_____

Wellness Consult Date: _____ Gift: _____

Top Strengths: _____ _____ _____
                  _____ _____

Love Language: _____

Notes:

Spouse: _____ Birthday: _____

Notes:

Child: _____ Birthday: _____

Notes:

Child: _____ Birthday: _____

Notes:

Child: _____ Birthday: _____

Notes:

Child: _____ Birthday: _____

Notes:

Child: _____ Birthday: _____

Notes:

Team Member: _____ WC WA

Address: _____

E-Mail: _____ ID: _____

Phone Number: _____ Birthday: _____

Enrollment Date: _____ Enroller: _____ Sponsor: _____

Enrollment Order: _____
_____

Wellness Consult Date: _____ Gift: _____

Top Strengths: _____ _____ _____
                    _____ _____

Love Language: _____

Notes:

Spouse: _____ Birthday: _____

Notes:

Child: _____ Birthday: _____

Notes:

Child: _____ Birthday: _____

Notes:

Child: _____ Birthday: _____

Notes:

Child: _____ Birthday: _____

Notes:

Child: _____ Birthday: _____

Notes:

Team Member: _____ WC WA

Address: _____

E-Mail: _____ ID: _____

Phone Number: _____ Birthday: _____

Enrollment Date: _____ Enroller: _____ Sponsor: _____

Enrollment Order: _____

_____

Wellness Consult Date: _____ Gift: _____

Top Strengths: _____ _____ _____

_____ _____

Love Language: _____

Notes:

Spouse: _____ Birthday: _____

Notes:

Child: _____ Birthday: _____

Notes:

Child: _____ Birthday: _____

Notes:

Child: _____ Birthday: _____

Notes:

Child: _____ Birthday: _____

Notes:

Child: _____ Birthday: _____

Notes:

Team Member: _____ WC WA

Address: _____

E-Mail: _____ ID: _____

Phone Number: _____ Birthday: _____

Enrollment Date: _____ Enroller: _____ Sponsor: _____

Enrollment Order: _____

_____

Wellness Consult Date: _____ Gift: _____

Top Strengths: _____ _____ _____

_____ _____

Love Language: _____

Notes:

Spouse: _____ Birthday: _____

Notes:

Child: _____ Birthday: _____

Notes:

Child: _____ Birthday: _____

Notes:

Child: _____ Birthday: _____

Notes:

Child: _____ Birthday: _____

Notes:

Child: _____ Birthday: _____

Notes:

Team Member: _____ WC   WA

Address: _____

E-Mail: _____ ID: _____

Phone Number: _____ Birthday: _____

Enrollment Date: _____ Enroller: _____ Sponsor: _____

Enrollment Order: _____

_____

Wellness Consult Date: _____ Gift: _____

Top Strengths: _____   _____   _____

_____   _____

Love Language: _____

Notes:

Spouse: _____ Birthday: _____

Notes:

Child: _____ Birthday: _____

Notes:

Child: _____ Birthday: _____

Notes:

Child: _____ Birthday: _____

Notes:

Child: _____ Birthday: _____

Notes:

Child: _____ Birthday: _____

Notes:

Team Member: _____ WC WA

Address: _____

E-Mail: _____ ID: _____

Phone Number: _____ Birthday: _____

Enrollment Date: _____ Enroller: _____ Sponsor: _____

Enrollment Order: _____

_____

Wellness Consult Date: _____ Gift: _____

Top Strengths: _____ _____ _____

_____ _____

Love Language: _____

Notes:

Spouse: _____ Birthday: _____

Notes:

Child: _____ Birthday: _____

Notes:

Child: _____ Birthday: _____

Notes:

Child: _____ Birthday: _____

Notes:

Child: _____ Birthday: _____

Notes:

Child: _____ Birthday: _____

Notes:

Team Member: _____ WC WA

Address: _____

E-Mail: _____ ID: _____

Phone Number: _____ Birthday: _____

Enrollment Date: _____ Enroller: _____ Sponsor: _____

Enrollment Order: _____
_____

Wellness Consult Date: _____ Gift: _____

Top Strengths: _____ _____ _____
                    _____ _____

Love Language: _____

Notes:

Spouse: _____ Birthday: _____

Notes:

Child: _____ Birthday: _____

Notes:

Child: _____ Birthday: _____

Notes:

Child: _____ Birthday: _____

Notes:

Child: _____ Birthday: _____

Notes:

Child: _____ Birthday: _____

Notes:

Team Member: _____ WC   WA

Address: _____

E-Mail: _____ ID: _____

Phone Number: _____ Birthday: _____

Enrollment Date: _____ Enroller: _____ Sponsor: _____

Enrollment Order: _____

_____

Wellness Consult Date: _____ Gift: _____

Top Strengths: _____   _____   _____

_____   _____

Love Language: _____

Notes:

Spouse: _____ Birthday: _____

Notes:

Child: _____ Birthday: _____

Notes:

Child: _____ Birthday: _____

Notes:

Child: _____ Birthday: _____

Notes:

Child: _____ Birthday: _____

Notes:

Child: _____ Birthday: _____

Notes:

Team Member: _____ WC WA

Address: _____

E-Mail: _____ ID: _____

Phone Number: _____ Birthday: _____

Enrollment Date: _____ Enroller: _____ Sponsor: _____

Enrollment Order: _____
_____

Wellness Consult Date: _____ Gift: _____

Top Strengths: _____ _____ _____
                    _____ _____

Love Language: _____

Notes:

Spouse: _____ Birthday: _____

Notes:

Child: _____ Birthday: _____

Notes:

Child: _____ Birthday: _____

Notes:

Child: _____ Birthday: _____

Notes:

Child: _____ Birthday: _____

Notes:

Child: _____ Birthday: _____

Notes:

Team Member: _____ WC WA

Address: _____

E-Mail: _____ ID: _____

Phone Number: _____ Birthday: _____

Enrollment Date: _____ Enroller: _____ Sponsor: _____

Enrollment Order: _____
_____

Wellness Consult Date: _____ Gift: _____

Top Strengths: _____   _____   _____

                    _____   _____

Love Language: _____

Notes:

Spouse: _____ Birthday: _____

Notes:

Child: _____ Birthday: _____

Notes:

Child: _____ Birthday: _____

Notes:

Child: _____ Birthday: _____

Notes:

Child: _____ Birthday: _____

Notes:

Child: _____ Birthday: _____

Notes:

Team Member: _____ WC WA

Address: _____

E-Mail: _____ ID: _____

Phone Number: _____ Birthday: _____

Enrollment Date: _____ Enroller: _____ Sponsor: _____

Enrollment Order: _____
_____

Wellness Consult Date: _____ Gift: _____

Top Strengths: _____ _____ _____

_____ _____

Love Language: _____

Notes:

Spouse: _____ Birthday: _____

Notes:

Child: _____ Birthday: _____

Notes:

Child: _____ Birthday: _____

Notes:

Child: _____ Birthday: _____

Notes:

Child: _____ Birthday: _____

Notes:

Child: _____ Birthday: _____

Notes:

Team Member: _____ WC WA

Address: _____

E-Mail: _____ ID: _____

Phone Number: _____ Birthday: _____

Enrollment Date: _____ Enroller: _____ Sponsor: _____

Enrollment Order: _____

_____

Wellness Consult Date: _____ Gift: _____

Top Strengths: _____ _____ _____

_____ _____

Love Language: _____

Notes:

Spouse: _____ Birthday: _____

Notes:

Child: _____ Birthday: _____

Notes:

Child: _____ Birthday: _____

Notes:

Child: _____ Birthday: _____

Notes:

Child: _____ Birthday: _____

Notes:

Child: _____ Birthday: _____

Notes:

Team Member: _____ WC WA

Address: _____

E-Mail: _____ ID: _____

Phone Number: _____ Birthday: _____

Enrollment Date: _____ Enroller: _____ Sponsor: _____

Enrollment Order: _____

_____

Wellness Consult Date: _____ Gift: _____

Top Strengths: _____ _____ _____

_____ _____

Love Language: _____

Notes:

Spouse: _____ Birthday: _____

Notes:

Child: _____ Birthday: _____

Notes:

Child: _____ Birthday: _____

Notes:

Child: _____ Birthday: _____

Notes:

Child: _____ Birthday: _____

Notes:

Child: _____ Birthday: _____

Notes:

Team Member: _____ WC WA

Address: _____

E-Mail: _____ ID: _____

Phone Number: _____ Birthday: _____

Enrollment Date: _____ Enroller: _____ Sponsor: _____

Enrollment Order: _____

_____

Wellness Consult Date: _____ Gift: _____

Top Strengths: _____ _____ _____

_____ _____

Love Language: _____

Notes:

Spouse: _____ Birthday: _____

Notes:

Child: _____ Birthday: _____

Notes:

Child: _____ Birthday: _____

Notes:

Child: _____ Birthday: _____

Notes:

Child: _____ Birthday: _____

Notes:

Child: _____ Birthday: _____

Notes:

Team Member: _____ WC WA

Address: _____

E-Mail: _____ ID: _____

Phone Number: _____ Birthday: _____

Enrollment Date: _____ Enroller: _____ Sponsor: _____

Enrollment Order: _____
_____

Wellness Consult Date: _____ Gift: _____

Top Strengths: _____ _____ _____

_____ _____

Love Language: _____

Notes:

Spouse: _____ Birthday: _____

Notes:

Child: _____ Birthday: _____

Notes:

Child: _____ Birthday: _____

Notes:

Child: _____ Birthday: _____

Notes:

Child: _____ Birthday: _____

Notes:

Child: _____ Birthday: _____

Notes:

Team Member: _____ WC WA

Address: _____

E-Mail: _____ ID: _____

Phone Number: _____ Birthday: _____

Enrollment Date: _____ Enroller: _____ Sponsor: _____

Enrollment Order: _____

_____

Wellness Consult Date: _____ Gift: _____

Top Strengths: _____ _____ _____

_____ _____

Love Language: _____

Notes:

Spouse: _____ Birthday: _____

Notes:

Child: _____ Birthday: _____

Notes:

Child: _____ Birthday: _____

Notes:

Child: _____ Birthday: _____

Notes:

Child: _____ Birthday: _____

Notes:

Child: _____ Birthday: _____

Notes:

Team Member: _____ WC WA

Address: _____

E-Mail: _____ ID: _____

Phone Number: _____ Birthday: _____

Enrollment Date: _____ Enroller: _____ Sponsor: _____

Enrollment Order: _____

_____

Wellness Consult Date: _____ Gift: _____

Top Strengths: _____ _____ _____

_____ _____

Love Language: _____

Notes:

Spouse: _____ Birthday: _____

Notes:

Child: _____ Birthday: _____

Notes:

Child: _____ Birthday: _____

Notes:

Child: _____ Birthday: _____

Notes:

Child: _____ Birthday: _____

Notes:

Child: _____ Birthday: _____

Notes:

Team Member: _____ WC WA

Address: _____

E-Mail: _____ ID: _____

Phone Number: _____ Birthday: _____

Enrollment Date: _____ Enroller: _____ Sponsor: _____

Enrollment Order: _____
_____

Wellness Consult Date: _____ Gift: _____

Top Strengths: _____ _____ _____

_____ _____

Love Language: _____

Notes:

Spouse: _____ Birthday: _____

Notes:

Child: _____ Birthday: _____

Notes:

Child: _____ Birthday: _____

Notes:

Child: _____ Birthday: _____

Notes:

Child: _____ Birthday: _____

Notes:

Child: _____ Birthday: _____

Notes:

Team Member: _____ WC WA

Address: _____

E-Mail: _____ ID: _____

Phone Number: _____ Birthday: _____

Enrollment Date: _____ Enroller: _____ Sponsor: _____

Enrollment Order: _____
_____

Wellness Consult Date: _____ Gift: _____

Top Strengths: _____ _____ _____
                        _____ _____

Love Language: _____

Notes:

Spouse: _____ Birthday: _____

Notes:

Child: _____ Birthday: _____

Notes:

Child: _____ Birthday: _____

Notes:

Child: _____ Birthday: _____

Notes:

Child: _____ Birthday: _____

Notes:

Child: _____ Birthday: _____

Notes:

Team Member: _____ WC WA

Address: _____

E-Mail: _____ ID: _____

Phone Number: _____ Birthday: _____

Enrollment Date: _____ Enroller: _____ Sponsor: _____

Enrollment Order: _____

_____

Wellness Consult Date: _____ Gift: _____

Top Strengths: _____ _____ _____

_____ _____

Love Language: _____

Notes:

Spouse: _____ Birthday: _____

Notes:

Child: _____ Birthday: _____

Notes:

Child: _____ Birthday: _____

Notes:

Child: _____ Birthday: _____

Notes:

Child: _____ Birthday: _____

Notes:

Child: _____ Birthday: _____

Notes:

Team Member: _____ WC WA

Address: _____

E-Mail: _____ ID: _____

Phone Number: _____ Birthday: _____

Enrollment Date: _____ Enroller: _____ Sponsor: _____

Enrollment Order: _____

_____

Wellness Consult Date: _____ Gift: _____

Top Strengths: _____ _____ _____

_____ _____

Love Language: _____

Notes:

Spouse: _____ Birthday: _____

Notes:

Child: _____ Birthday: _____

Notes:

Child: _____ Birthday: _____

Notes:

Child: _____ Birthday: _____

Notes:

Child: _____ Birthday: _____

Notes:

Child: _____ Birthday: _____

Notes:

Team Member: _____ WC WA

Address: _____

E-Mail: _____ ID: _____

Phone Number: _____ Birthday: _____

Enrollment Date: _____ Enroller: _____ Sponsor: _____

Enrollment Order: _____

_____

Wellness Consult Date: _____ Gift: _____

Top Strengths: _____ _____ _____

_____ _____

Love Language: _____

Notes:

Spouse: _____ Birthday: _____

Notes:

Child: _____ Birthday: _____

Notes:

Child: _____ Birthday: _____

Notes:

Child: _____ Birthday: _____

Notes:

Child: _____ Birthday: _____

Notes:

Child: _____ Birthday: _____

Notes:

Team Member: _____ WC WA

Address: _____

E-Mail: _____ ID: _____

Phone Number: _____ Birthday: _____

Enrollment Date: _____ Enroller: _____ Sponsor: _____

Enrollment Order: _____

_____

Wellness Consult Date: _____ Gift: _____

Top Strengths: _____ _____ _____

   _____ _____

Love Language: _____

Notes:

Spouse: _____ Birthday: _____

Notes:

Child: _____ Birthday: _____

Notes:

Child: _____ Birthday: _____

Notes:

Child: _____ Birthday: _____

Notes:

Child: _____ Birthday: _____

Notes:

Child: _____ Birthday: _____

Notes:

Team Member: _____ WC WA

Address: _____

E-Mail: _____ ID: _____

Phone Number: _____ Birthday: _____

Enrollment Date: _____ Enroller: _____ Sponsor: _____

Enrollment Order: _____

_____

Wellness Consult Date: _____ Gift: _____

Top Strengths: _____ _____ _____

_____ _____

Love Language: _____

Notes:

Spouse: _____ Birthday: _____

Notes:

Child: _____ Birthday: _____

Notes:

Child: _____ Birthday: _____

Notes:

Child: _____ Birthday: _____

Notes:

Child: _____ Birthday: _____

Notes:

Child: _____ Birthday: _____

Notes:

Team Member: _____ WC WA

Address: _____

E-Mail: _____ ID: _____

Phone Number: _____ Birthday: _____

Enrollment Date: _____ Enroller: _____ Sponsor: _____

Enrollment Order: _____
_____

Wellness Consult Date: _____ Gift: _____

Top Strengths: _____ _____ _____
                    _____ _____

Love Language: _____

Notes:

Spouse: _____ Birthday: _____

Notes:

Child: _____ Birthday: _____

Notes:

Child: _____ Birthday: _____

Notes:

Child: _____ Birthday: _____

Notes:

Child: _____ Birthday: _____

Notes:

Child: _____ Birthday: _____

Notes:

Team Member: _____ WC WA

Address: _____

E-Mail: _____ ID: _____

Phone Number: _____ Birthday: _____

Enrollment Date: _____ Enroller: _____ Sponsor: _____

Enrollment Order: _____
_____

Wellness Consult Date: _____ Gift: _____

Top Strengths: _____   _____   _____

_____   _____

Love Language: _____

Notes:

Spouse: _____ Birthday: _____

Notes:

Child: _____ Birthday: _____

Notes:

Child: _____ Birthday: _____

Notes:

Child: _____ Birthday: _____

Notes:

Child: _____ Birthday: _____

Notes:

Child: _____ Birthday: _____

Notes:

Team Member: _____ WC WA

Address: _____

E-Mail: _____ ID: _____

Phone Number: _____ Birthday: _____

Enrollment Date: _____ Enroller: _____ Sponsor: _____

Enrollment Order: _____

_____

Wellness Consult Date: _____ Gift: _____

Top Strengths: _____   _____   _____

_____   _____

Love Language: _____

Notes:

Spouse: _____ Birthday: _____

Notes:

Child: _____ Birthday: _____

Notes:

Child: _____ Birthday: _____

Notes:

Child: _____ Birthday: _____

Notes:

Child: _____ Birthday: _____

Notes:

Child: _____ Birthday: _____

Notes:

Team Member: _____ WC WA

Address: _____

E-Mail: _____ ID: _____

Phone Number: _____ Birthday: _____

Enrollment Date: _____ Enroller: _____ Sponsor: _____

Enrollment Order: _____

_____

Wellness Consult Date: _____ Gift: _____

Top Strengths: _____ _____ _____

_____ _____

Love Language: _____

Notes:

Spouse: _____ Birthday: _____

Notes:

Child: _____ Birthday: _____

Notes:

Child: _____ Birthday: _____

Notes:

Child: _____ Birthday: _____

Notes:

Child: _____ Birthday: _____

Notes:

Child: _____ Birthday: _____

Notes:

Team Member: _____ WC WA

Address: _____

E-Mail: _____ ID: _____

Phone Number: _____ Birthday: _____

Enrollment Date: _____ Enroller: _____ Sponsor: _____

Enrollment Order: _____

_____

Wellness Consult Date: _____ Gift: _____

Top Strengths: _____ _____ _____

_____ _____

Love Language: _____

Notes:

Spouse: _____ Birthday: _____

Notes:

Child: _____ Birthday: _____

Notes:

Child: _____ Birthday: _____

Notes:

Child: _____ Birthday: _____

Notes:

Child: _____ Birthday: _____

Notes:

Child: _____ Birthday: _____

Notes:

Team Member: _____ WC WA

Address: _____

E-Mail: _____ ID: _____

Phone Number: _____ Birthday: _____

Enrollment Date: _____ Enroller: _____ Sponsor: _____

Enrollment Order: _____

_____

Wellness Consult Date: _____ Gift: _____

Top Strengths: _____   _____   _____

_____   _____

Love Language: _____

Notes:

Spouse: _____ Birthday: _____

Notes:

Child: _____ Birthday: _____

Notes:

Child: _____ Birthday: _____

Notes:

Child: _____ Birthday: _____

Notes:

Child: _____ Birthday: _____

Notes:

Child: _____ Birthday: _____

Notes:

Team Member: _____ WC WA

Address: _____

E-Mail: _____ ID: _____

Phone Number: _____ Birthday: _____

Enrollment Date: _____ Enroller: _____ Sponsor: _____

Enrollment Order: _____

_____

Wellness Consult Date: _____ Gift: _____

Top Strengths: _____ _____ _____

                        _____ _____

Love Language: _____

Notes:

Spouse: _____ Birthday: _____

Notes:

Child: _____ Birthday: _____

Notes:

Child: _____ Birthday: _____

Notes:

Child: _____ Birthday: _____

Notes:

Child: _____ Birthday: _____

Notes:

Child: _____ Birthday: _____

Notes:

Team Member: _____ WC WA

Address: _____

E-Mail: _____ ID: _____

Phone Number: _____ Birthday: _____

Enrollment Date: _____ Enroller: _____ Sponsor: _____

Enrollment Order: _____
_____

Wellness Consult Date: _____ Gift: _____

Top Strengths: _____ _____ _____
                    _____ _____

Love Language: _____

Notes:

Spouse: _____ Birthday: _____

Notes:

Child: _____ Birthday: _____

Notes:

Child: _____ Birthday: _____

Notes:

Child: _____ Birthday: _____

Notes:

Child: _____ Birthday: _____

Notes:

Child: _____ Birthday: _____

Notes:

Team Member: _____ WC WA

Address: _____

E-Mail: _____ ID: _____

Phone Number: _____ Birthday: _____

Enrollment Date: _____ Enroller: _____ Sponsor: _____

Enrollment Order: _____

_____

Wellness Consult Date: _____ Gift: _____

Top Strengths: _____ _____ _____

_____ _____

Love Language: _____

Notes:

Spouse: _____ Birthday: _____

Notes:

Child: _____ Birthday: _____

Notes:

Child: _____ Birthday: _____

Notes:

Child: _____ Birthday: _____

Notes:

Child: _____ Birthday: _____

Notes:

Child: _____ Birthday: _____

Notes: